Gerhard
Bauer

Jeder sucht nach Lebenssinn

BOD
Books on Demand

Bibliografische Information der Deutschen Nationalbibliothek
Die Deutsche Nationalbibliothek verzeichnet diese Publikation
in der Deutschen Nationalbibliografie; detaillierte bibliografische
Daten sind im Internet über http://dnb.d-nb.de abrufbar.

© 2011 Gerhard Bauer
Herstellung und Verlag: Books on Demand GmbH,
Norderstedt
Fotos, Umschlaggestaltung und Layout:
Werner Panthen, www.efp-eventfotografie.de
ISBN 978-3-8423-8000-4

Vorwort

Als Landwirt und als Träger des „Kulturlandschaftspreises des Schwäbischen Heimatbundes" sind mir die Themen, die sich mit den natürlichen Lebensgrundlagen befassen, am wichtigsten.

Dazu möchte ich vorneweg Folgendes zu bedenken geben:

Im nahen Osten und in Nordafrika, wo man heute jahrtausende alte Städte aus dem Wüstensand ausgräbt, waren einst paradiesische Landschaften mit üppiger Vegetation.

Der fleischfressende Mensch, mit seinen unnötig großen Viehherden, hat alles nieder geweidet. Die Vegetation ist unwiederbringlich verloren.

Das römische Imperium und erst recht die christliche Seefahrt haben mit ihrem Holzbedarf den größten Teil Europas entwaldet. Die Wälder sind unwiederbringlich verloren.

Innerhalb der viele tausend Generationen währenden Menschheitsgeschichte dauerte die Zeit der Entstehung unserer mitteleuropäischen Kulturlandschaft nur etwa fünfzig Generationen.

Innerhalb von zwei Generationen ist nun diese Landschaft unter Asphalt, Beton und den Planierraupen der Flurbereiniger verschwunden.

Das Schlimmste aber ist, dass dies global gesehen nur die kleineren Schandtaten der Menschheit sind.

Man erzählt sich einen Witz, wonach die Erde unter der Krankheit „Mensch" leide. Es ist zu bezweifeln, dass unsere Enkel über diesen Witz noch lachen können.

Es ist nicht die Zahl der Menschen, die die Erde belasten, es ist das Verhalten der „erfolgreichen Menschengruppen", unter dem sie leidet. Die Wirtschaftssysteme und mit ihnen auch die Gesellschaftssysteme, die zum größten Teil von völlig überflüssigen Bedürfnissen und von schier grenzenloser Konsumgier leben, gilt es zu hinterfragen.

Jedenfalls werde ich weiterhin versuchen Beispiel zu geben und für meine Enkel Bäume pflanzen und meinen Boden bebauen.

Gerhard Bauer, August 2011

Natur

Frühling

Das Haus im Wintersturm erbebt,
Nebel aus dem Tal sich hebt.
Die erstarrte kalte Welt,
wird zwar noch vom Frost gequält,
doch der Wind ist nicht mehr bissig
und das Eis wird dünn und rissig.
Schnee schmilzt an den Fensterscheiben.
Frühling liegt in diesem Treiben.

(1987)

Sommer

Was im Frühling ist gesprossen,
wächst und reift jetzt unverdrossen
unter Sonne, Wind und Regen
seinem Erntetag entgegen.

Schweiß und Staub und lange Tage,
Schnaken, Fliegen, Wespenplage.
Harte, heiße Erntezeit,
Sommersonne, weit und breit.

Ostwind bringt ein wenig Kühle,
Westwind bringt Gewitterschwüle.
Ach wie schön, wen diese Frist
endlich überstanden ist.

(1990)

Herbst

Nachts im Schafpferch dampft die Herde,
Wiesen tragen graue Bärte.
Mond und Sterne gehen auf,
gießen kaltes Licht darauf.

Kurzer Tag und kalte Nacht
färbt den Wald zu voller Pracht.
Bäume werfen lange Schatten,
feistes Wild äst auf den Matten.

Nebel hängt an Waldessäumen,
Raben krähen von den Bäumen.
Spatzenlärm im kahlen Flieder,
einsam sind die Gärten wieder.

Vieh wird von der Alm getrieben,
Erntezeit für Wein und Rüben.
Letztes Gras der Bauer schneidet,
Winter wird jetzt vorbereitet.

(2002)

Winter

Der Wind hat den Schnee
auf die Felder gefegt.
Der Frost hat den See
an die Kette gelegt.

Die Kälte ist tief
in den Boden gekrochen,
hat den Kreislauf des Lebens
fast ganz unterbrochen.

Doch der Mensch meint,
nur Hektik und Umtrieb sei Pflicht.
Dass auch Winter in ihm ist,
das merkt er oft nicht.

(1995)

Wir Bauern

Wie haben wir uns einst geschunden,
für kargen Taglohn vierzehn Stunden.
Von Urlaub, Freizeit sprach man nie,
denn jeder Bauer hatte Vieh,
das Milch gab, fraß und machte Mist,
ob Feier- oder Sonntag ist.

Wenn Frühling kam und Sonnenschein,
dann spannten wir die Rösser ein,
zum Säen, Pflanzen, Pflegen,
viel Schweiß steht vor dem Segen
und Schmerz am Knie und Rücken,
vom Häufeln, Hacken, Bücken.

Bei Sommerhitze, schnell vor Regen,
barg jeder seinen Erntesegen.
Bei jeder Tat, die gut gelungen,
hat man gelacht und auch gesungen.
Doch schnell verging das frohe Lachen,
wenn Disteln aus den Garben stachen,
wenn Pferde bockten wie die Ziegen,
weil Bremsen, Schnaken, Wespen, Fliegen,
mit Blutgier und in großen Scharen,
Vorboten von Gewittern waren.

Ein goldner Herbst, schön warm und mild,
des Bauern Vorratsscheunen füllt.
Doch spielt das Wetter einen Streich,
dann werden Felder nass und weich
und manchmal trocken, bockel-hart,
kein Rossknecht dann mit Fluchen spart.

Im Winter, wenn es klirrend kalt,
fuhr man mit Pferden in den Wald.
Ein Schwärmer würd „romantisch" sagen,
müsst man sich mit dem Holz nicht plagen.
Auch drosch im Winter man Getreide,
für mich war das die „größte Freude",
wenn Gerstenstaub in Aug und Kragen
beim Säcke auf den Speicher tragen
und überhaupt bei dieser Tat
das Leben mir verleidet hat.

So mühten wir uns Jahr für Jahr,
weil es nicht anders möglich war,
das Brot der Erde abzuringen
und Gottes Gaben einzubringen.

Das Herz uns einst im Leibe lachte,
als Fortschritt uns die Technik brachte
und uns das Leben leichter machte.
Drum lobten wir und priesen sie,
die Technik und die Alchemie.

Das alles wär sehr gut geblieben,
hätt man nicht maßlos übertrieben.
Von Amt und Industrie beraten
verdrehte Segen sich in Schaden.
Der Aufwand stieg, der Nutzen nicht,
so kam man aus dem Gleichgewicht.

Wenn Leute, die ganz schlau, belesen,
die nie in Dreck und Staub gewesen
und wissen nicht wie Disteln stechen,
heut über uns den Stab zerbrechen,
dann ignorier ich voll und ganz
die elitäre Arroganz,
denn sie verfolgt ganz schlechte Zwecke,
missbraucht uns schnöd als Sündenböcke.

Nicht Bauern[*] Umweltschäden stiften,
Luft, Wasser und das Volk vergiften.
Wer haut in uns´ren Lebensraum
viel Schneisen und frisst Mensch und Baum?
Auf Gift und Müll und viel zu breit:
Die Straße der Bequemlichkeit!

[*] Industriemäßige Nahrungsmittelerzeuger
sind keine Bauern

(1988)

Morgenneu

Graue Nebel - Geisterhände
streichen übers Berggelände.
Zwischen Fels und Krüppelbuchen,
wie sie schleichen, wie sie suchen.

Morgennebel - Geisterbrauch,
feuchter, kalter Morgenhauch.
Endlich mit der Sonne Lauf
hört der Nebelreigen auf.

Morgentau glänzt an den Zweigen.
Schöpferstunde, Schöpfungssinn.
Regen fällt, die Nebel steigen,
Niedergang und Neubeginn.

(1999)

Der Malmstein
(Gespaltener Fels auf dem Schafberg)

Hoch am Trauf, als ob er schliefe,
liegt ein großer Felsenstein.
Langsam sinkt er in die Tiefe,
in das Nebelmeer hinein.

Schon vor vielen tausend Jahren
brach der erste feine Riss.
Felsen müssen nieder fahren,
das war damals schon gewiss.

Niemand weiß und kennt den Plan,
wann die Zeit der Majestät
auf der steilen Abbruchbahn,
wohl einmal zu Ende geht.

Wie der Zeiger einer Uhr,
die in Ewigkeit sich dreht,
zeigt er uns Sekunden nur
von der Zeit, die hier vergeht.

(2001)

Jägerträume

Ein jedes Jägerherz erfreut
stille Waldeseinsamkeit.
Dort bei Reh und wildem Schwein,
mit seiner Büchse ganz allein,
dort steht er über der Natur,
dort ist er Herr der Kreatur.

Doch an manchen trüben Tagen
kommen Zweifel ihm und Fragen.
Wie viel hat er wohl versäumt,
während er im Wald geträumt?
Was ist hinterm Wald versteckt,
das er bisher nicht entdeckt?

Eines Tages ist es aus,
er muss aus dem Wald heraus.
Er will schauen ferne Welten,
er will gehen, in Rom zu zelten.
Er will überall noch hin,
reisen scheint ihm Lustgewinn.

Überdrüssig und sehr bald,
lang bevor er schwach und alt,
doch schon müd vom Reisen, Rennen,
wird er einsichtsvoll erkennen:
Draußen kannst du nichts versäumen,
besser ist's im Wald zu träumen.

(1998)

17

Das Schweigen

Wir wandern vom Flachland
hinauf auf die Höhn.
Wo Düfte von Grünkraut
und Harz uns umwehn.

Im Bergwald umfängt uns,
je höher wir steigen,
ein alles umfassendes,
mystisches Schweigen.

(2010)

Wer bist du?

Zeig mir deinen Garten und ich will dir sagen, wer du
bist.
Die Ehrfurcht vor dem Leben fängt damit an,
wie man mit dem Boden umgeht.

(1996)

Mensch und Natur

Natur strebt stets nach Gleichgewicht,
in sämtlichen Bereichen.
Einseitigkeit verträgt sie nicht,
wer stört den Lauf, muss weichen.

Es ist der Mensch ein Stück Natur,
verwirrt von vielen Geistern.
Wie soll der arme Schwächling nur
die Weltprobleme meistern?

Er strebt nach oben und sinkt tiefer
im Sumpf von Macht und Geld,
vernichtet wie ein Ungeziefer
das Gleichgewicht der Welt.

(1986)

Der Nussenbaum

Ein großer, alter Nussenbaum
vor meines Vaters Haus,
war Jahr für Jahr ein Blättertraum,
ein Aug- und Gaumenschmaus.

Die Vögel und wir Kinder hatten,
ob's Winter oder Sommer war,
Geborgenheit in seinem Schatten,
er war uns Heimat Jahr für Jahr.

Längst ist der Nussenbaum verschwunden,
mit Häusern, Mauern, kahlem Stein,
hat man den heilgen Platz verschunden.
Man wohnt dort, wird's auch Heimat sein?

(1986)

Die Igelkinder

Vier Kinder hat die Igelmutter
in ihrem Nest aus Gras und Stroh.
Auf krummen Beinchen sucht sie Futter
und ist an jeder Raupe froh.

Sie sucht im Wald, am Bach, im Grase,
sie sucht im Schutz der Dunkelheit.
So läuft das Tierlein auf die Straße,
ein Auto kommt und fährt es breit.

Die kleinen Igelkinder lungern
in ihrem Nest aus Stroh und Gras,
sie müssen jämmerlich verhungern.
Nichts denkt der Mensch, er gibt nur Gas.

(1986)

Leben

Der Lebenstraum

Als Jüngling war dies einst mein wichtigstes Ziel:
Ein Leben mit Sinn und ein großes Gefühl.
Nicht nur Broterwerb, niedrige Vegetation,
ohne menschlichen Fortschritt und Evolution.

Nicht wie dornlose Rosen das Leben zu zweit,
ohne Ecken und Kanten, ganz flach, rund und breit.
Nicht ein Leben, verloren in Hektik und Streit,
ohne tiefes Verständnis, das Fehler verzeiht.
Nicht ein Leben, verlogen und kompliziert,
ohne tiefes Vertrauen, das man nicht verliert.

Was ich fand, kam fast nie meinem Wunschtraume nah,
nur ganz selten den Engel der Träume ich sah.
Fasste ich manchmal Mut, wollte zu ihm mich trauen,
hat er mir meinen Traum um die Ohren gehauen.

Ließ oft mich belehren, doch niemals verbiegen,
bin meistens gelassen und treu mir geblieben.
Darum schreite ich mutig und fröhlich hinaus
und wäre schon morgen der Lebenstraum aus.

(2002)

Evolution?

Im Laufe der Evolution haben sich viele Menschen zu
Amphibien entwickelt. Ganz tüchtige sind schon auf
den lebensfeindlichen Strand des Egoismus und der
Eitelkeit gekrochen. Dort bauen sie sich mit einem
unglaublichen Eifer Burgen aus dem lockeren Sand,
wobei sie sich bisweilen um das
kleinste Sandkorn
streiten.

Manchmal machen diese Menschen einen Ausflug ins
Oberflächen- und Flachwasser der Freundschaft und
Sympathie. Die Zahl derer, die ganz dort leben,
wird immer kleiner und die Ausflüge der Burgenbauer
werden immer seltener. Die meisten sind zufrieden,
wenn sie ab und zu in ihren Burgen mit der
Gischt der Höflichkeit bespritzt werden.

Dabei sind die eigentlichen Lebensräume
der Menschen die tiefsten Tiefen der Liebe.
Dort ist noch keiner ertrunken, denn sie sind ja
ursprünglich hierfür erschaffen worden.

(1995)

Kopf hoch

Was ganz schlecht ist hier auf Erden,
was besonders schön und gut,
beides kann nur dadurch werden,
dass man´s sein lässt oder tut.

Tradition, Vergangenheit
seien nicht Maßstab deines Lebens,
positiv sein hier und heut
sei der Leitstern deines Strebens.

Begib dich auf der Freude Spur,
lass die Seele fliegen,
spiel keine tragische Figur,
so wird das Gute siegen.

(1990)

Sinnsuche

Jeder sucht nach Lebenssinn,
Ehre, Lust- und Geldgewinn.
Mancher träumt und mancher rennt.
Mancher schafft und mancher pennt.

Mancher giert als Nimmersatt
und merkt nicht mehr, was er hat.

Mancher, wachsam und gelassen,
sucht das Glück, wenn's kommt, zu fassen.

Leichtigkeit mit ernstem Mut
bleib dir treu, dann geht's dir gut.

(2000)

Wes Geistes?

Die Geister, denen wir vertrauen,
die sind's, die unsere Werke bauen.
Der Menschen Tat wird eingeschätzt,
auf Grund der Zeichen, die er setzt.

(2005)

Schlachtfeld Autobahn

Neben den übermotorisierten Herrenfahrern,
die mit 180 bis 250 km/h daher kommen,
den absolut unerfahrenen Sonntagsfahrern,
die mit 80 km/h den Mittelstreifen blockieren
und den Brummi- Cholerikern, die es nicht
ohne Tuchfühlung zum Vordermann aushalten,
sind wir Lieferwagenfahrer eine der meistgefürchteten
Spezies auf den Straßen. Wir geben uns ja viel Mühe
und fahren so anständig wie es geht.
Doch der Zeitdruck gibt uns die Sporen
und die Routine, macht uns überlegen
im Straßenverkehr.

Aber auch bei den Lieferwagenfahrern gibt es Anfänger,
die unter Zeitdruck stehen. Es gibt auch solche,
die von Natur aus Pfeffer im Arsch haben. Das heißt,
Blei im Fuß und Vakuum im Hirn.

Der dichte Straßenverkehr heut zu Tage ist aber kein
Abenteuerspielplatz für leichtsinnige Wichtigtuer.
Mit andauernd voller Konzentration
und Aufmerksamkeit neben der erworbenen Routine
hoffen wir täglich,
wieder unbeschädigt heim zu kommen.

(2004)

Verkehrsunfall am Fastnachtsdienstag 1987

Ein Schleudern, krach, schon ist's vorbei,
am Straßenrand da liegt ein Brei
aus Menschenleibern, Blech und Scherben,
so fuhr 'n zwei Kinder ins Verderben.

Blut fließt und Öl, leis wimmert noch
ein Mädchenkopf im Fensterloch.
Aus schönen Augen, welch ein Grauen,
Schmerz, Todesangst und Wahnsinn schauen.

(1987)

Video

Bestimmt ist eins der größten Übel
der Videokonservenkübel.
Weil ich nichts halte von dem Graus,
hab ich kein solches Ding zu Haus.
Ganz sicher ist für uns´re Kinder
Die Videolosigkeit gesünder.

(1987)

Hundert Watt

Mit Durchschnittsleistung hundert Watt
gelingt ihm manche große Tat.
Den höchsten Nutzen daraus zieht
der Mensch, wenn er den Geist bemüht.

(2007)

Das Ende

Der Mensch fragt bang nach Lebenssinn
und wo der Tod ihn wohl führt hin.
Die Antwort bleibt trotz Glauben, Hoffen,
für alle letzten Endes offen.

(2006)

Fastengedicht

Pfarrer Kneipp sprach: „Ihr sollt fasten,
fröhlich, keusch und nüchtern sein.
Ihr sollt Leib und Seel entlasten,
dann wird euch das Leben freun."

Leert den Darm stets blitz blank sauber,
dass man sich drin spiegeln kann.
Das ist leicht, weil man mit Glauber-
Salz es gut erreichen kann.

Lasst die Seele manchmal fliegen,
über Felder unbeschwert
und bleibt manchmal einfach liegen,
ganz und gar in euch gekehrt.

Tretet Wasser kalt und warm,
wickelt euch und wascht euch ab,
gießt es über Knie und Arm,
dann ist nichts mehr an euch schlapp.

So wird mancher alte Sünder
herzensgut und schlank am Leib.
Meistens wird er auch gesünder,
sanft und lieb zu seinem Weib.

Frohgemute Nüchternheit
bei der Kost man nie verliert,
doch ich glaube bei der Keuschheit
hat sich Pfarrer Kneipp geirrt.

(1993)

Geheimnis

Was ist wohl das Leben wert?
Nichts ist klar, was nur verklärt.

Was vermeintlich klar man denkt,
meist nur hinter Schleiern hängt.

Niemand ist es je gelungen,
niemand ist zum Sinn gedrungen.

(2009)

Ordnung

Wer die Welt und sich nicht liebt,
niemals Glück und Liebe gibt.

Doch worum es auch noch geht,
ist doch, wer um wen sich dreht.

Bist du Sonne oder Stern,
oder welches wärst du gern.

Bildest du dir es nur ein,
wirst du keins von beiden sein.

Mag es sein auch wie es will,
selbst die Sonne steht nicht still.

Sie als Mittelpunkt dir gibt,
Strahlen wie ein Mensch, der liebt.

Nur rotieren, niemals stehn,
nirgends bleiben, immer gehn,

nur dahin, wo selbst man will.
Doch die Sterne kreisen still,

in den vorbestimmten Bahnen,
wollen uns zur Ordnung mahnen.

Denn Bewegung ist nur gut,
wenn sie in der Ordnung ruht.

(1993)

Heimatkunde

Kameraden, ich habe die Welt nicht gesehn,
denn es zog mich noch gar nicht hinaus.
Doch von Dörtel und Hachtel bis Upflamör
und im Oberland kenn ich mich aus.

(2007)

Kontraste

Was sind Gipfel ohne Täler,
was ist Schönheit ohne Fehler.

Bacchusfeste oder Fasten,
alles lebt von den Kontrasten.

Hoch, vermögend oder tief,
das ist alles relativ.

Wäre alles flach und eben,
gäb's nicht Hoch und Tief im Leben.

Selbst bei hohem Glücksniveau,
würde niemand wirklich froh.

Offensichtlich liegt nur Segen,
auf den steil, verschlungnen Wegen.

(2008)

Im Herbst des Lebens

Frühling und Sommer sind längst schon vorbei,
verblasst und vergessen die Wonnen des Mai.

Die sonnigen Tage sind leider gezählt,
der Herbst hat den Winter schon vorgestellt.

Wer aber den Sommer genützt hat,
die Liebe, das Licht,
der fürchtet sich vor dem Winter nicht.

(1989)

Glücksschmiede

Es ist der Mensch des Glückes Schmied,
solang die Feuer brennen.
Wenn's Eisen hell im Feuer glüht,
muss man es schmieden können.

Doch manchmal fehlt dir Ambos, Hammer,
mal ist das Feuer schwach,
mal schlägst du wild und manchmal zahmer,
wenn deine Kraft lässt nach.

Ist dir am End dein Werk gelungen,
dann bist du froh und heiter,
besonders, wenn die braven Jungen
frisch, fröhlich schmieden weiter.

Nur der Mensch ist ein schlechter Schmied,
der sich nicht täglich neu bemüht.

(1988)

Die Werbung

Was braucht der Mensch zum Leben,
was kann demselben Inhalt geben?
Die Werbung weiß es ganz genau,
was glücklich macht Kind, Mann und Frau.
Sie kennt den Stoff, der Träume macht
und Wünsche weckt für Tag und Nacht.

Seitdem die Menschen auf der Erd
sind werbungsmäßig aufgeklärt,
ist ihnen nichts mehr gut genug,
was einst der Leute Dasein trug.

Weil heut den Menschen jederzeit
und überall wird eingebläut,
dass das, was Lebenssinn uns schenkt,
nur an der Konsumhöhe hängt,
weiß keiner mehr, wie arm er ist,
wenn er nur konsumiert und frisst.
Die Werbung sagt es überdeutlich,
Verblödung ist ganz unvermeidlich.

Liebe

Die Liebe ist kein Spiel der Ewigkeit.
Die Liebe ist ein Spiel des Augenblicks.
Jeder Augenblick der Liebe
ist ein göttliches Stück Ewigkeit,
welches es zu fassen gilt.

Zusammenleben

Sind zwei verliebt und stehen sich nah,
ist oftmals bald ein Zwiespalt da.
Wenn auch die Zweisamkeit gefällt,
lebt jeder doch in seiner Welt.
Dort hört und sieht er und empfindet
oft anders als man´s ihm verkündet.
Dem andern fehlt das rechte Wort
für das, was in der Seele bohrt.
So wächst er weiter und wird alt,
der erst ganz kleine Zwischenspalt.

Spricht man nicht taktvoll, kommt sie nie,
die absolute Harmonie.

(1990)

Das starke Geschlecht

Der Mann ist schon der Kräfte wegen
der Frau bei weitem überlegen.
Er schafft und spart und sorgt fürs Geld.
Sie bringt „nur" Kinder auf die Welt.

Das ist nun mal des Lebens Lauf:
Er sorgt fürs Kind, sie zieht es auf.
Ein Jeder hat so seine Pflicht,
drum gibt es gleiches Recht auch nicht.

So hat es Gott sich ausgedacht:
Dem Mann die Kraft, der Frau die Macht.
Denn jeder noch so große Herr
tut Mutters Willen und nicht mehr.

Weil das, was sie dem Kinde lehrt
der Mann sein Leben lang verehrt.
So tut die Welt im Großen, Ganzen,
nur nach der Frauen Pfeife tanzen.

Und all die klug und starken Herrn,
die merken's nicht und tun es gern.
Der Mann ist schon der Liebe wegen
der Frau bei weitem unterlegen.

(1990)

Sein und Schein

Ach wie ist der Schein so schön,
den wir täglich um uns sehn.
Himmlisch sind sie anzuschauen,
all die wunderschönen Frauen.

Doch schaut man ihnen ins Gesicht,
merkt man, etwas stimmt da nicht.
Augen öd gehetzt und leer
kommen wohl bemalt daher.

Eine falsche Geisteshaltung,
ist sie schuld an Scheinentfaltung?
Ja ich glaub aus diesem Grund
wurde Himmlisches zu Schund.

Träume wurden weggenommen,
Liebe ist zu Sex verkommen.
Um der Karriere Willen,
um die Eitelkeit zu stillen,
selten nur der Liebe wegen,
niemals wegen Kindersegen,
wird gereizt und kokettiert,
bis man alt und hässlich wird.

Schämt euch tief bis auf die Knochen!
Männer, ihr habt das verbrochen.

(1995)

Was gut tut

In der Liebe liegt begründet,
was der Mensch als Glück empfindet.

Darum seid so klug und meidet,
was euch von der Liebe scheidet.

Jeder Mensch tut gut daran,
wenn er staunend lieben kann.

(1990)

Der Anspruch

Es ist ein Unfug, die Liebe eines Menschen
als Eigentum oder Rechtsanspruch
besitzen zu wollen.

Entweder sie ist gegenseitig da oder nicht.

(2008)

Das Paradies

Wenn Frauen all die Sorgen kennen,
die Männern auf der Seele brennen,
wenn auch die Männer auf der Welt
begreifen, was den Frauen fehlt,
und immer nur noch das geschieht,
was gut ist, dass die Liebe blüht,
das ist hienieden dann gewiss
das absolute Paradies.

(2010)

Ehrenmenschen

Was wir Menschen lieben, ehren,
heiß ersehnen und begehren,
richtet sich nicht nach den Normen
oder fest gefügten Formen.

Doch der Mensch ist ja nicht schwach,
gibt nicht jeder Regung nach,
unterdrückt in aller Stille
selbst die heiligsten Gefühle,

lebt ganz ohne Lustgewinn
ehrenvoll so vor sich hin,
lebt moralisch blitzeblank,
hoch gelobt und seelenkrank.

(2006)

Das große Glück

Für manchen liegt das große Glück
viele Jahre schon zurück.
Ein mancher muss sein Glück verhehlen,
es wie ein Dieb ganz heimlich stehlen.

Ein mancher findet solches nimmer
und mancher meint, er hätt's für immer.
Und manchmal, wenn's am größten scheint,
sagt es: „Pardon, dich hab ich nicht gemeint."

Den Schluss wird mancher daraus ziehen,
ums Glück muss man sich sehr bemühen,
man muss dem Glück entgegen gehn,
man darf ihm nicht im Wege stehn.

(1988)

Mann und Frau

Der Mann im Grund ist träg und faul,
wie Löwen nach der Paarung.
Das Weib macht ihn zum Karrengaul,
das lehrt uns die Erfahrung.

Warum fängt er denn plötzlich an,
zu schaffen, schinden, bauen?
Das, was sonst nichts bewirken kann,
bewirken nur die Frauen.

Will er sich erfreun
an der Liebreizung Gaben,
dann muss er was sein
und vor allem was haben.

(1986)

Am Morgen
(Nach Joseph von Eichendorff)

Es war, als hätt der Himmel
die Erde still geküsst,
dass sie im Blütenschimmer
von ihm nun träumen müsst.

Ringsum war tiefes Schweigen,
die Bäume rauschten sacht,
der Wind sang in den Zweigen
das leise Lied der Nacht.

Wir lagen Wang an Wangen,
die Augen feucht vor Glück,
als dann die Vögel sangen,
klang´s wie ein Himmelsstück.

(2010)

Weisheit

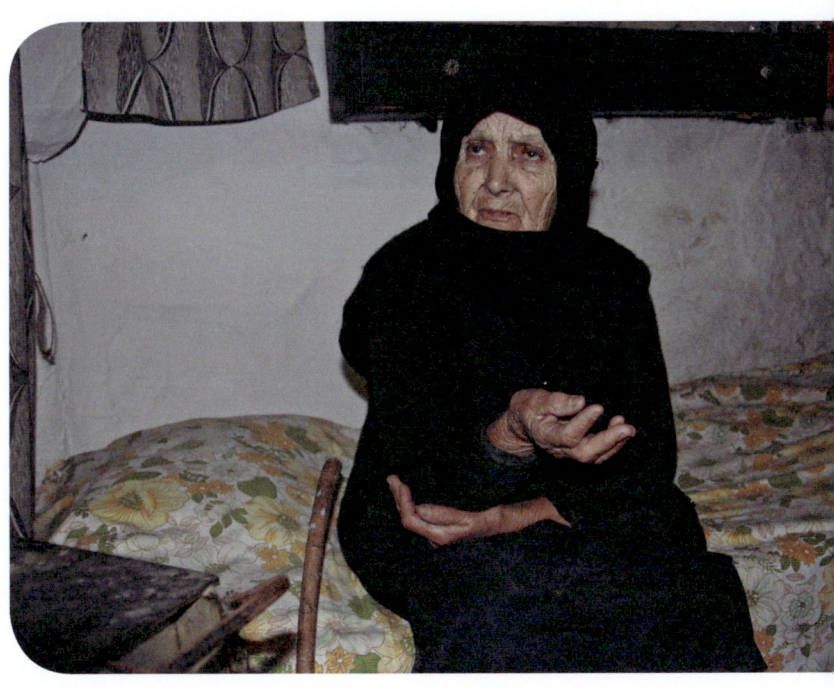

Führung

Durch innere Stimmen werden Menschen geleitet,
zu Zielen von guten Gefährten begleitet.
Ein jeder lenkt aufwärts im Leben den Schritt,
lässt tragen sich manchmal und trägt manchmal mit.

(2007)

Das Ziel

Wir gehen durch das Leben gemeinsam.
Geht mancher voraus, bleiben andere zurück.
Der Stärkste vermag es nicht einsam
zu gehen ein winziges Stück.

Wir ziehn durch die Welten und Zeiten
im ewigen, göttlichen Spiel.
Wir lassen uns führen und leiten.
Den Augenblick leben, das ist das Ziel.

(2008)

Was zehrt und was zählt

So ist's bei Mädchen und bei Knaben:
Man sieht etwas, schon will man's haben.
Doch manchmal ist es viel zu viel,
was mancher manchmal haben will.

Erst Spielzeug, Süßes, schöne Kleider,
bald geht es höherwertig weiter:
Ein Haus, ein Auto, sehr viel Geld
und Reisen um die ganze Welt.

So opfert mancher seine Zeit
für Hochmut und Begehrlichkeit
und merkt nicht, dass er konsequent
am wahren Glück vorüber rennt.

Weil er nur wild genießt, verzehrt
und rundherum die Welt zerstört.
Die Lebensbasis reicht nicht weit,
übt man nicht mehr Bescheidenheit.

Eins ist, was wirklich zählt hienieden,
dass man ihn hat, den Seelenfrieden.

(1988)

Traumdeutung

Grausiges träumend bin ich letzte Nacht
wieder mal schwitzend vom Schlafe erwacht.
Ich stell mich darüber und nimmer mich quäle,
nehm's wie es ist: Als den Stuhlgang der Seele.

(2005)

Der rechte Schluss

Wen Hochmut, Prunk und Eitelkeit
auf dieser Welt am meisten freut,
wer Stolz von Dünkel nicht kann trennen,
den muss man einen Narren nennen.

Doch wer im Herzen trägt den Adel,
lebt ohne Furcht, fast ohne Tadel
und kommt am End zum richt'gen Schluss.
Den Menschen man beneiden muss.

(2005)

Übrigens:

Der Mensch soll das mit dem Widerstand
gegen die Versuchung
nicht übertreiben.

Glaube

Gelassenheit und Urvertrauen

Die Erkenntnis, dass in und über allem, was ist, was geschieht und was nicht geschieht, eine unbereifliche Macht steht, ist der höchste Grad der Religion.
Diese Macht buhlt nicht eifersüchtig um die Gunst des Menschen. Er kann sie sich nicht mit Opfern und Lobhudeleien gewogen machen. Er muss ihr nicht nachlaufen und er kann sich ihr schon gar nicht entziehen.

Glaube ist eine unverantwortliche Denkfaulheit.
Er ist eine Blockade der Empfangsantennen
für den uns leitenden göttlichen Funkspruch.

(2006)

Überprüfe den Geist auch der heiligsten Handlung.
Traditionen verblassen im Licht der Erkenntnis.
Das Gewissen in dir ist der Kompass zu Gott.

(2000)

Es ist nicht der Glaube, der Berge versetzt.
Es ist das Urvertrauen in die positive Macht,
die hinter allem steht.

(2005)

Die Schöpfung

So wie man erzählt uns in alten Geschichten,
vom Werden des Lebens, so war es mitnichten.
Nimmt man auch symbolisch: sechs Tage, dann Ruhn,
mit dem, was einst war, hat das gar nichts zu tun.

Milliarden von Jahren war Gott am Probieren,
um alles, was dreht sich und fließt, zu tarieren,
bis endlich ein Gleichgewicht, sinnvoll und fein,
im Spiel der Gewalten sich stellte dann ein.

In all diesen Zeiten gab's immer zu tun,
ein Märchen: Der Sonntag zum Singen und Ruhn;
denn lässt er sein Werk auch nur kurz aus dem Blick,
die Schöpfung, sie fiele ins Chaos zurück.

Doch Gott blieb dabei, hat sich Menschen erschaffen,
als Ast von Stammbaum der Menschenaffen.

Die Tat war überaus brutal,
denn hohe Berge, tiefes Tal
schob Gott vor Simias Urwaldtanne
und warf ihn raus in die Savanne.

Dort gab es wenig Obst und Quellen,
er musst auf Mühsal um sich stellen.

Auch lernte er dort aufrecht gehen,
um bis zum Horizont zu sehen,
wo ihn umlauerten die Gefahren,
die unbekannt und zahlreich waren.

So aus dem Paradies entfernt,
hat er sehr schnell und viel gelernt.
Lektionen hat er meist begriffen,
der Affe ward bald abgeschliffen.

Es schlüpfte unterm Fell hervor,
ein relativ humaner Mohr.
Gondwanaland war sein Zuhaus,
er breitete sich weltweit aus.

Doch die Entwicklung blieb nicht stehen,
es blieb nicht nur beim aufrecht gehen.
Er kultivierte Feld und Wiesen,
er lernte aufrecht auch zu schießen.

Kultur ist's, was ihn unterscheidet,
von allem was auf Erden weidet.
Doch die ist nicht nur gut geblieben,
er hat das Böse übertrieben.

Er kultivierte Graus und Leiden,
statt Liebe, Menschlichkeit und Freuden.
Es wuchs und wächst die schlimme Spur
von Habgier, Macht und Unkultur.

Gott spricht erkenntnisvoll beklommen:
„Der Mensch hat überhandgenommen.
Der Mensch ist dumm und merkt es nicht,
wie er zerstört mein Gleichgewicht,
das ich, auf das sich Leben rührt,
in Jahrmilliarden austariert.

In sein Verhalten will ich's legen,
ob Fluch er erntet oder Segen.
Nicht fromme Dogmen, Rituale,
bewahren ihn vor seinem Falle.
Nicht Religion, nicht Glaubenswahn,
bringt ihn auf eine gute Bahn."

So wie der Mensch mit Geist und Händen
Kultur betreibt, so wird er enden.

(1990)

Religion

Die Macht, die wir spüren
im Großen und Kleinen,
die Macht, die den Kosmos,
das Leben erschuf,
wird kaum dir in Büchern
und Häusern erscheinen,
ganz selten in Menschen
im Priesterberuf.

In Dogmen, in Lehren,
in Ideologien,
im Geld und im schlauesten
Wirtschaftsprinzipe
zu suchen, das ist ein
vergeblich Bemühen.
Du findest sie in der
Natur und der Liebe.

(2002)

Der Himmel

Bestimmt ist's nicht die Glaubensstärke,
die uns dem Himmel näher bringt.
Es sind der Liebe sanfte Werke,
wovon der Chor der Engel singt.

Wer lebt und liebt und sucht den Frieden,
dem ist der Himmel schon beschieden.

(2007)

Lebenswandel

Es wandelt stets auf Gottes Wegen
der Mensch, der fröhlich und bewusst
und dankbar lebt von Gottes Segen,
und ihm nicht in sein Handwerk pfuscht.

(2005)

Religiöser Eifer

Gestehe mir, du frommer Mann,
dieweil die Welt voll Teufel,
und ich es deutlich hören kann,
auch du bist voller Zweifel.

Studierst du nur die reine Lehr
und kannst sie nicht begreifen,
läufst du der Wahrheit hinterher,
sie flutscht dir weg wie Seifen.

Fast jeder Mensch auf dieser Welt
hält eine andre Lehr für rein,
der Mensch glaubt grad, was ihm gefällt,
kann nur die reine Lehre sein.

Der Gott, der diese Welt erschuf
und weckte menschlich Leben,
hat diesem fast auf seiner Stuf
Verstand, Vernunft gegeben.

Gefühl, Gewissen und Verstand,
das sind des Menschen Maße,
die er erhielt, aus Gottes Hand,
zu finden seine Straße.

Ist die Antenne eingeklemmt,
im biblischen Gehäuse,
wird Wahrheitsfindung stark gehemmt,
du drehst dich nur im Kreise.

(1988)

Weihnacht

Stub und Fenster blitzblank sauber,
Weihnachtsstimmung, Tannenduft -
und schon macht ein falscher Zauber
breit sich in der Winterluft.

Wer denkt wirklich an das Kind,
das so klein und so verloren,
dass Herodes es nicht findt,
ward in Bethlehem geboren?

Wer denkt an die vielen Kinder,
welche täglich Hungers sterben?
Wir gedankenlose Sünder
treiben sie in ihr Verderben.

Während wir uns weihnachtsmästen,
jeder fromm den Braven heuchelt,
steht auf unsren „weißen Westen":
Millionen sind gemeuchelt.

Doch das Kind von Bethlehem
sieht durch unsre hellen Scheiben,
was wir, böse und bequem,
hier in seinem Namen treiben.

(1988)

Nachdenkliches

Was die Welt regiert

Es gibt immer wieder Menschen, die glauben, dass Geld die Welt regiere. Dabei ist das Geld doch nur in der Lage, den Charakter des Menschen zu verderben.

Regiert wird die Welt noch immer von der Dummheit und der Feigheit. Eine der größten Dummheiten ist, wenn man dieselbe nicht auch bei sich selber, sondern nur bei anderen sucht.

Eine der größten Feigheiten ist, wenn man aus Rücksicht auf die eigenen Pfründe, das Übel „Habgier" nicht beim Namen nennt.

Fortschritt

Den Fortschritt in Technik und Industrie
wie heute, so sahen wir diesen noch nie.
Die Zeiten der Armut und der Schinderei,
die sind dank dem Fortschritt nun endlich vorbei.

Jedoch die Maschinen, die klaglos hier laufen,
die können das, was sie erzeugen, nicht kaufen.
Drum muss man den Fortschritt nach Menschen-Maß
messen,
darf bei aller Freude den Sinn nicht vergessen.

Und weil wir ihm letztlich ja doch nicht entfliehn,
drum müssen wir fragen: Wo führt er uns hin?

(1998)

Was ist der Mensch

Man muss dem Sprichwort Glauben schenken:
Es ist der Mensch das, was er isst.
Man muss beim Essen auch bedenken:
Wie, wo das wuchs, was man genießt.

(2008)

Der Dichter

Des Dichters Amt ist auch das wagen,
was keiner hören will, zu sagen.
Ganz unumwunden und direkt,
oft hintergründig und versteckt.

Das Schöne, Edle zu genießen,
dem wird sich Dichtung nie verschließen.
Doch sagt sie klar von Fall zu Fall,
was dumm ist, böse und brutal.

Romantisch, geistreich, schön geschliffen
und kunstvoll Malen mit Begriffen,
in einer Welt, die schön und heil,
das ist des Dichtens kleinster Teil.

Die Freude nur allein am Wort
ist's nicht, was in der Seele bohrt.
Das Wort als Wortspiel nur gelesen,
ist nie erkenntnisreich gewesen.

Der Dichter tief im Wortsumpf steckt,
der dichtet nur mit Intellekt.
Er braucht nicht nur des Geistes Gaben,
er muss Empfangsantennen haben.

(1999)

Reife

Sind alle Lügen nun endlich gelogen,
sind Illusionen in Scharen entflogen,
bleibt jetzt nur übrig was wahr ist und echt,
sage ich grad heraus: So ist es recht.

(2010)

Junge Genießer

Kinder lernen von der Bibel,
damals war der Wein kein Übel.
Selbst der Heiland schenkte ein,
gab es guten, süßen Wein.

An des guten Gottes Gaben
darf ein Jeder gern sich laben,
doch der Teufel liegt zum Schluss
wieder mal im Überfluss.

An den riesengroßen Mengen,
die heut auf die Märkte drängen
und die von den hoch verehrten
Bürgern auch getrunken werden,
merkt man es und sieht es auch:
Das ist Alkoholmissbrauch.

Ja, mit Werbung, frech und dumm,
steigert man noch den Konsum
und mit flotten Sprüchen wird
manche schwache Seel verführt.

Kinder lernt es zu verstehen,
mit den Dingen um zu gehen.
Nicht nur alles runter gießen,
lernet sinnvoll zu genießen.

Nur ganz Primitive saufen,
bis sie völlig überlaufen.
Mäßig und zur rechten Zeit,
Wein und Bier das Herz erfreut.

Die Moral, die stur begehrt
zu verbieten, ist nichts wert.
Beispiel geben, werte Alten,
daran müsstet ihr euch halten.

(1990)

Der Kreis

Was ist des Lebens tiefer Sinn,
der Lebensweg, wo führt er hin?
Er führt im Kreis durch Raum und Zeit,
in ewiger Vergänglichkeit.

(2005)

Hirnlos, aber schnell

Ein Mensch, der meist bequem und faul
kommt vorn und hinten fast nicht hoch
und der auch sonst mit Hirn und Maul
pfeift meistens aus dem letzten Loch.

Sitzt er am Lenkrad, auf dem Renner,
dann reitet ihn der Teufel schon,
weil viel zu schnell, dem Bleifußpenner,
fährt dann sein bischen Hirn davon.

(1988)

Kraftfahrtjugend

Wer jung ein toller Hecht gewesen,
mit dreistem Mut und wenig Hirn,
hielt nichts vom Schreiben und vom Lesen,
fuhr „heiße Öfen" nur spaziern.

Kommt der im Lebensalter weiter
und überlebt den Sturm und Drang,
wird ohne Schadensfall gescheiter,
dann sing und pfeif ich „Gott sei Dank".

(1988)

Untier Mensch

Mein Anliegen

Ich will nicht falsche Töne singen,
ich will den Menschen Mut nur bringen
und sie vom Fortschrittsglauben trennen,
dass sie nicht ins Verderben rennen.
Und hoff, dass es am End nicht schadt,
wenn man mich nicht verstanden hat.

(1988)

Kapital

Es ist ja nicht Herr Unbekannt,
der da zockt als Spekulant.
Viele haben irgendwo
ein paar Aktien im Depot.

Damit wird sehr hoch summiert
von den Banken spekuliert.
Dieses Spiel von Pech und Glück
korrumpiert die Politik.

Viele haben schon vergessen,
Geld allein ist nichts zum Essen.
Für das Glück braucht man hienieden,
Menschenrechte, Land und Frieden.

(2005)

Bauernmord

Die Bauern schreien „mordio",
man hat sie schwer belogen,
man hat sie herzlos, kalt und roh,
um Hab und Gut betrogen.

Nicht nur die hier in unsren Landen,
nein, auch die vielen Unbekannten,
die überall im Erdenrund
erfreun der Menschen Herz und Mund.

Die Macht des Gelds und der Maschinen,
weil sie in falsche Hände kam,
zeigt uns, wie's geht, wenn die gewinnen,
die skrupellos und ohne Scham.

Die roden Wälder in den Tropen
und baun dort an, was keiner braucht.
Wie kann man dies Verhalten loben,
das Umwelt, Tier und Menschen schlaucht?

Ob Neger oder Indio
und wer sonst Land bebaute,
er lebte hart, doch satt und froh
dem Schöpfer er vertraute.

Der Mächtigen Macht, der Reichen Gier,
die Makler, Spekulanten,
Tyrannen, Bonzen, Menschgetier
vom Acker sie verbannten.

(1988)

Oh Dörflein traut

Oh Täler weit, oh stilles Tal,
oh Waldeslust, es war einmal.
In Wald und Feld düst dir entgegen,
auf guten ausgebauten Wegen,
der Mensch mit Auto, Ski und Rad.
Auch querfeldein und ohne Pfad.
Der Fortschritt macht aus Wald und Flur
den Spielplatz für die Unkultur.

Im Tal, wo einst die besten Gärten
die glücklichen Besitzer nährten,
ist heut die Industrie erstarkt,
man nährt sich ja vom Supermarkt.
Den Broterwerb per Muskelkraft
und Geist, den hat man abgeschafft.

In Wirklichkeit ist's Schrott und Müll,
was heut der Mensch so braucht und will.
Man hat dafür soweit man schaut,
die Landschaft fleißig zugebaut.
Die Dörflein traut, sie sind gefallen,
zum Opfer den Maschinenhallen.

(1998)

Mensch und Unmensch

Beim Zeitung lesen hat am Morgen
ein Mensch sich schon den Tag verdorben.
Entrüstet schreit er: „Allerhand,
noch nie gab's so viel Geld im Land,
nie war so hoch der Arbeitslohn,
noch nie so hoch die Produktion."
Und trotzdem können sich die meisten
angeblich keine Kinder leisten.
Bankrott sind die sozialen Netze,
im Altersheim gibt's kaum noch Plätze.
Wer alt ist und in Krankheit schmachtet,
muss fürchten, dass man not-ihn-schlachtet.
Die schlimmste Krankheit unserer Zeit:
Unfähige Bequemlichkeit,
der Fortschrittsglauben, Technikspleen.
Der größte Mangel: Disziplin.

Der Unmensch spricht: „Das mag so scheinen,
jedoch muss deshalb niemand weinen."
Fürs allgemeine Wohlergehen
Wird man den Steuersatz erhöhen.
Als dann wird sich der Staat beeilen
Und alles fleißig umverteilen.
Allein die Umverteilung schafft
Dann Arbeitsplätze massenhaft.
Zum Schluss wird das Sozialprodukt
vom fürsorglichen Staat geschluckt,
auf dass der Mensch, vom Staat geführt,
nicht Opfer seines Wohlstands wird.

(2008)

Überrollt

Dort, wo der Bergwald lichter wird,
beim Fels, beim „Götterthron",
dorthin hab ich mich oft verirrt,
wie vor mir viele schon.

Dort schlief ich einst im milden Schein
der Abendsonne selig ein
und bin dann unter Sternenpracht
beim Ruf der Eulen aufgewacht.
Ringsum war tiefes Schweigen,
die Bäume rauschten sacht,
der Wind sang in den Zweigen
das leise Lied der Nacht.

Mit diesem Bild von Frieden
in meinem Märchenlande,
bin traurig ich geschieden,
als ob ich etwas ahnte.

Nach vielen Jahren kehrt ich wieder
ins Traumland meiner Jugendzeit.
Was ich dort sah, das schlug mich nieder,
der heilige Ort war grob entweiht.

Ein Bauwerk aus Beton, auf Stelzen,
das grimmig von der Höhe schaut,
auf dem sich Blechlawinen wälzen,
hat man an diesen Platz gebaut.

(2004)

Wachstum

Alles wächst. Die Wirtschaft wächst. Die Konzerne
wachsen.
Die Produktivität der Industrie und der Dienstleister
wächst
mit steigendem Tempo. Die Bildung und das Wissen
der Menschen wachsen. Auch die Anzahl der Menschen
wird immer größer.
Die Konzentration im Nahrungsmittelhandel wächst.
Die Erträge der Äcker wachsen. Trotzdem,
oder gerade deswegen wachsen der Hunger und das
Elend auf der Welt.
Die Wüsten wachsen. Die Temperaturen und
die Meeresspiegel steigen. Die Zahl der Unwetter
wächst.
Die Zahl der ausgestorbenen Tier- und Pflanzenarten
wächst.
Nur, die gute alte Erde, die von diesem fiebrigen Infekt
heimgesucht wird, sie wächst nicht.
Hoffentlich geht sie daran nicht ein.

(2000)

Strahlen

Es strahlt die Sonn, es strahlen Sterne,
mit Strahlen, die das Leben sind.
Wenn du nur sagst: „Ich hab dich gerne",
dann strahlt der Mann, die Frau, das Kind.
Die Strahlen sind für dieses Leben
so wichtig wie das täglich Brot.
Würd's auf der Welt nicht Strahlen geben,
wär morgen schon die Schöpfung tot.
Doch wenn ein Strahl ganz hoch verdichtet,
viel tausendfach und undosiert,
das, was er trifft, total vernichtet,
aus Segen Tod und Unheil wird.
Drum: Wie die Schöpfung leben kann,
kommt auf die Strahlendosis an.
Im Grund vermag ein jedes Wesen,
wenn irgend ne Belastung steigt,
Empfindlichkeiten zu vergessen
und Widerstand wird angezeigt.
Drum frag ich nicht nach Strahlenwerten,
was ist hier tragbar und was viel?
Man sagt mir doch nur die verkehrten,
wer weiß wie´s war vor Tschernobyl?

(1988)

Woran die Menschen sterben

Um meine Meinung vorne weg zu sagen: Es werden in Zukunft wahrscheinlich keine Menschen, oder nur sehr wenige am Rinderwahn sterben. Trotzdem ist es ein Verbrechen, was in einigen europäischen Ländern (mit dem Segen der EU-Behörden) jahrzehntelang mit den tierischen Abfällen gemacht wurde und was sich die Nahrungs- und Futtermittelindustrie geleistet hat. In Wirklichkeit ist das, was so nach und nach bekannt wird, nur der Gipfel des Eisberges. Eine solchermaßen gewinnorientierte Volkswirtschaft kann sich offenbar überhaupt kein Gewissen leisten. Es sind die Interessen der Exportwirtschaft, die bewirken, dass in Europa landwirtschaftliche Flächen stillgelegt werden und die Bauern nur dadurch billige tierische Erzeugnisse auf den Markt bringen können, dass sie ihre Tiere mit den Abfällen aus aller Welt voll stopfen. Allergien, verminderte Widerstandskraft und viele menschliche Leiden sind die Folge. Dies wiederum ist der Nährboden einer in großen Teilen genauso negativ einzustufenden Pharmaindustrie. Sinnvolle, bodenständige Ernährung ist von Konzernen, korrupten Politikern und Funktionären willkürlich schlecht gemacht und unterdrückt worden. Nun aber zurück zum Thema: In Zukunft werden wie bisher die meisten Menschen verhungern. Dies zum großen Teil deswegen, weil im reichen Teil der Erde sehr viele an Falsch- oder Überernährung sterben. Nikotin und Alkohol werden weiterhin ihre Opfer fordern. Kriege, auch Wirtschaftskriege, fordern Menschenleben, genauso wie der Krieg auf den Straßen. Die bange Frage der Zukunft lautet: Quo vadis Homo Oeconomicus?

(2001)

Unsere Erde

Entstanden in Milliarden Jahren
ist dieser einzigart'ge Stern.
Wir Menschen sollen ihn bewahren,
im Namen seines ewigen Herrn.

Doch wir als dieser Schöpfung Krone,
begabt mit Geist und auch Vernunft,
wir leben unter dieser Sonne,
als wären wir des Teufels Zunft.

Was wir hier Fortschritt, Wohlstand nennen,
das bringt die Schöpfung langsam um.
Bescheidenheit wir nicht mehr kennen,
warum sind wir so schrecklich dumm?

Ihr Leut euch besinnt
und etwas beginnt,
dass er's übersteht,
der blaue Planet.

(1986)

Deutsche Größe

Das fing nicht erst beim „Adolf“ an,
das, mit dem deutschen Größenwahn.
Der stand schon auf den Fahnen,
der Kelten und Germanen.
Viel schlimmer wird, was jetzt ist dran,
Der Wirtschaftswachstumgrößenwahn.

(1986)

Michel auf geht's!

Produziert und konsumiert,
schaut, dass was geleistet wird,
denn die Wirtschaft braucht die Sklaven
zum Verbrauchen und zum Schaffen.
Wichtig ist, es rollt die Mark
und der Michel fühlt sich stark.

Treibt ihn an, den Gaul der Narren
vor dem Wirtschaftswunderkarren,
dass er schnell und schneller wird,
Richtung, Ziel und Weg verliert,
bis er voll mit Gut und Geld
in den tiefsten Abgrund fällt.

(1988)

Oh Bruder!

Dein Reichtum ist kein Ruhmesblatt,
solang dein Bruder gar nichts hat.
Die Tüchtigkeit, die rafft und nimmt,
des Bruders Kinder traurig stimmt,
ist unmoralisch, grausam, böse -
hat nichts zu tun mit Seelengröße.

Der bösen Kriege Grausamkeiten
willst du auf jeden Fall vermeiden;
jedoch dein Reichtum nimmt den Raum
für deine Brüder Bach, Luft, Baum.
Du machst dich breit, bekämpfst mit Geld
die schwachen Brüder auf der Welt,
bis du vernichtet hast zum Schluss,
den Lebensraum ohn einen Schuss.

(1986)

Wie viel Wohlstand braucht der Mensch?

Es ist ja schön und ich will's gönnen,
wenn Menschen sich was leisten können.
Doch macht man sich zu viel zu eigen,
tanzt völlig aus dem Schöpfungsreigen,
so wie die Industrienationen,
die sich doch viel zu hoch entlohnen,
dann ist auf Grund der schlechten Sitten,
das Maß bei weitem überschritten.

Wenn nur im Geld mein Wohl ich seh,
wird eines Tages daraus Weh.
Erstrangig ist der Schöpfung Wohl,
dies jeder Mensch bedenken soll.

(1986)

Wohlstand oder Unverstand?

Die Marktwirtschaft im Abendland
braucht Fresser nur und nicht Verstand,
weil sie am besten funktioniert,
wenn alles prasst und konsumiert.

In Wirklichkeit ist's ungesund,
was süß nur ist für Aug und Schlund.
Ein Frevel ist das Ganze nur,
an Rohstoff, Menschen und Natur.

Drum ruf ich: „Leute kehret um,
die Welt braucht Pflege, nicht Konsum!"
Man muss den Kuchen auch bisweilen
mit kleineren Stücken neu verteilen.

Frisst ihn die Menschheit ohne Maßen,
wird er sie bald verhungern lassen.
Labt sie sich sparsam jederzeit,
reicht er in alle Ewigkeit.

Auch Christus lehrte rund herum:
Bescheidenheit - und nicht Konsum.

(1986)

Walduntergang

Der Wald stirbt leise vor sich hin,
es quält ihn unsrer Schlote Rauch,
er kann nicht schreien und nicht fliehn,
schlecht ist die Luft, der Boden auch.

Die Stoff geword´ne Energie
von hundert Millionen Jahren,
die ein Jahrzehnt aus Schloten spie,
birgt tödliche Gefahren.

Wird Qualm und Abgas auch gereinigt,
der Rest den Wald noch immer peinigt.
Man kann schier machen was man will,
dem Wald bleibt unser Qualm zu viel.

(1986)

Grauer Schnee

Der Schnee fiel leise, weiß und kalt
auf See und Wiese, Feld und Wald.
Dies zauberhafte Winterbild
hat immer nur den Zweck erfüllt,
den Schlaf der Kinder der Natur
in Wald und See, in Feld und Flur
zu schützen in der Winterruh.
Der Schnee drückt ihre Augen zu,
er hemmt den Schritt, er dämpft den Schall,
dass Ruhe herrsche überall.

Heut gibt es Wagen, Ski, Maschinen,
die alle nur dem Zwecke dienen,
mit Unruh aus der Menschen Herzen
die tiefe Ruhe zu verscherzen.
Ja, nicht nur Unruh, auch ihr Dreck
verstärkt den unheilvollen Zweck.
Ein Schläfer, der nicht gleich erwacht,
wird von der Kälte umgebracht.
Vergiftet ist das Winternest,
denn grauer Schnee besorgt den Rest.

(1988)

Zeit

Die Zeit

Zeit ist jedem Menschenleben
ein bestimmtes Maß gegeben.
Der sie schenkt, gibt darauf Acht,
was ein jeder damit macht,
denn man soll nach seinem Willen,
diese nicht mit Hektik füllen.
Auch soll jeder Mensch vermeiden,
sie mit Hochmut zu vergeuden.
Doch das Allerschlimmste ist,
wenn man Zeit mit Geld nur misst.

Wer die Menschlichkeit erstrebt,
nach des Schöpfers Willen lebt
und nicht durch das Leben eilt,
hat sie richtig eingeteilt.

(1990)

Jahr um Jahr

Die Zeit beschert uns Jahr um Jahr
und keines wird wie´s alte war.
Immer bieten uns die Zeiten
wieder neue Möglichkeiten.
In dem ewig neuen Spiel
suchen wir nach Weg und Ziel,
das von der Bestimmung her
wohl für uns das Beste wär.
Tag um Tag und Schritt um Schritt
nimmt die Zeit uns weiter mit.
Immer muss man darauf bauen:
Zuversicht und Urvertrauen.

(2007)

Jahresanfang

Bedenk mit Ernst im neuen Jahr,
was gut, was schlecht im alten war.
Sei hoffnungsvoll, verbreite Mut,
mit etwas Glück wird alles gut.

Mit hartem Herzen, starrem Sinn,
gibt's keinen guten Neubeginn.
Sei Mensch, lass das auch andere sein,
bewahr im Herzen Sonnenschein.

Vielleicht ist das, was wichtig scheint,
was du auch wirklich gut gemeint,
nur Eitelkeit und falsches Streben
und macht oft Andern schwer das Leben.

Drum muss man, wenn man neu beginnt,
die Werte sehen, die wichtig sind.

(2000)

So fing es an

Im tiefsten Schlaf liegt die Natur,
fast auf den Nullpunkt reduziert.
Im Schnee, im Mondschein eine Spur,
die sich im Nirgendwo verliert.

Die Bäume stehen kahl und matt,
in sich gekehrt in stillem Traum
und nirgendwo ergrünt ein Blatt,
sie ruhen still, sie atmen kaum.

Nach Frühjahrsblüte, Früchte schaffen,
ist jetzt die Zeit zum Winterschlafen.
Das Leben sammelt Kraft und schweigt,
es wartet bis die Sonne steigt.

Jäh aufgeschreckt von Böllerschüssen,
von Glocken und von Festlärm gar,
von übermütig lauten Grüßen,
so fing es an, das neue Jahr.

(2010)

Siebzig

Siebzig Jahr,
graues Haar,
froher Mut,
das ist gut.

Leb noch lang,
werd nie krank,
hab nie Schmerzen,
lach von Herzen.

Sing und lach
Werd nie schwach,
bleib gesund,
halt den Mund,

Jahr für Jahr,
immerdar.

(2010)

Inhalt